www.tredition.de

AF202953

Rosmarie Gerstl

Tessy - Mein Weg zum Blindenführhund

www.tredition.de

© 2018 Rosmarie Gerstl

Verlag und Druck: tredition GmbH, Hamburg

ISBN
Paperback: 978-3-7469-6102-6
Hardcover: 978-3-7469-6103-3
e-Book: 978-3-7469-6104-0

Bildbeschreibung: Tessy als süßer Welpe im Alter von 8 Wochen

Kapitel 1: Einleitung

„Hallo Tessy!"

So grüßen mich meine zweibeinigen Freunde schon von weitem, wenn sie mich sehen. Ich glaube, ich bin hier in meiner Umgebung schon bekannt wie ein bunter Hund. Aber um erst gar keine Verwechslung aufkommen zu lassen, ich bin nicht bunt sondern blond, nämlich ein blonder Labrador und mein Job ist es, als Blindenführhund mein Frauchen, die Rosi, zu führen und sie auf vielen Wegen zu begleiten.

Rosi erblindete mit 23 Jahren an einer Diabetischen Retinopathie. Das ist eine Folge der Zuckerkrankheit. Bei meinem Frauchen wurde bereits mit 11 Jahren diese Krankheit entdeckt. Seit dieser Zeit muss sie täglich mehrmals Blutzucker testen und Insulin spritzen.

Nach ihrer Erblindung war Rosi schon bald klar, dass ein Blindenführhund an ihrer Seite eine sehr große Hilfe sein könnte; hatte sie doch schon von Kindesbeinen an ein Herz für Tiere.

Was gibt es da besseres in ihrer Situation als einen so treuen Begleiter.

Nach ihrem Entschluss erkundigte sie sich bei verschiedenen Selbsthilfeorganisationen und bei einigen Blindenführhundeschulen. Bereits nach einem Jahr bekam sie dann ihren ersten Blindenführhund: Bero, einen schwarzen Labrador. Acht Jahre später folgte Boris, ein Deutscher Schäferhund. Ich bin nun die Dritte im Bunde als erster weiblicher Führhund an Rosis Seite.

Wie ich nun so ein richtiger Blindenführhund wurde und zu meiner Rosi kam, möchte ich Euch auf den folgenden Seiten erzählen.

Kapitel 2: Auswahl

Ich bin am 4. Mai 2001 in Ungarn geboren. Viele meiner Vorfahren und Verwandten waren schon Blindenführhunde. Paul, mein späterer Ausbilder, war auf der Suche nach einem geeigneten Nachwuchs für diese Aufgabe. Er beobachtete mich und meine Wurfgeschwister genau und machte ein paar kleine Welpentests. So brachte er jeden von uns in einen fremden Raum und beobachtete, wie wir uns verhielten.

Waren wir total ängstlich und rührten uns nicht von der Stelle oder inspizierten wir neugierig unsere neue Umgebung? Er konfrontierte uns mit verschiedenen Geräuschen und Gegenständen wie einem Schlüsselbund oder einem Spielzeugauto und beobachtete unsere Reaktion darauf. Waren wir schreckhaft oder registrierten wir das Geräusch und wurden neugierig darauf, was da passierte?

Aber, was das wichtigste war für mich, Paul schaute mir in die Augen und fragte mich:

„Tessy, möchtest Du Blindenführhund werden und dann viele Jahre Deinem blinden Menschen helfen, seine Wege zu bewältigen? Deine Aufgabe wird es sein, Dein Frauchen oder Herrchen sicher um alle Hindernisse zu führen und bestimmte Dinge wie

Eingänge von Gebäuden, freie Sitzplätze usw. auf Kommando anzuzeigen. Das werde ich Dir aber alles beibringen."

Ich war total begeistert. Das war genau das Richtige für ein so kluges, neugieriges Hundemädchen wie mich.

Außer mir wurden von meinen sieben Geschwistern noch Tanja und Tara für diese wunderbare Aufgabe ausgewählt. Bereits am nächsten Tag begann unser großes Abenteuer. Wir drei Hundemädels fuhren mit Paul, unserem späteren Ausbilder, über 1000 km im Auto nach Deutschland. Klar machten wir mehrere Pausen. Wir mussten ja schließlich mal raus und Pipi machen. Unsere Reise führte zur Führhundeschule nach Aegidienberg in Nordrhein-Westfalen. Dort wartete auch schon Biggi mit ihren Kindern auf uns.

Biggi ist Pauls Freundin. Sie ist blind und hat einen Blindenführhund, den Peppy, einen Flat Coated Retriever, den wir natürlich auch gleich kennenlernten.

Peppy macht also bereits den tollen Job, den wir mal lernen dürfen, aber bis dahin ist wohl noch ein langer Weg.

Kapitel 3: Patenfamilie

Biggi hat für uns drei Mädels bereits eine Patenfamilie organisiert.

Eine Patenfamilie ist eine ganz normale Familie, bei der der zukünftige Blindenführhund das erste Lebensjahr verbringt und das ganz normale Leben kennenlernt.

Am nächsten Tag also kam dann meine Patenfamilie, die Bubenheims aus Engers. Die Bubenheims, das sind Hanne, Hein und ihr Sohn Michael. Sie freuten sich schon so auf mich und ich begrüßte sie auch total überschwänglich mit ganz viel Schwanzwedeln.

In Engers angekommen lernte ich gleich Skillo und Elsa kennen. Skillo ist ein großer Rottweiler und Elsa eine junge, temperamentvolle Schäferhündin. Ich freundete mich gleich an mit den beiden.

Elsa war damals übrigens auch ein Patenhund. Sie sollte ein Behindertenbegleithund werden. Sie hebt alles auf, was Hanne auf den Boden fällt, wie Münzen, Einkaufszettel oder Taschentücher, sie öffnet Schubladen und Türen und räumt sogar die Waschmaschine aus. Das macht Elsa viel Spaß, doch war sie letztendlich ungeeignet für diesen Job. Sie hatte einfach zu viel Temperament und so durfte sie dann bei den Bubenheims bleiben.

Elsa war meine beste Hundefreundin, sie konnte so wunderbar mit mir spielen und mit ihr war immer was los.

Nachdem ich hier in meinem neuen Zuhause alles genau inspiziert habe und ich alle kennengelernt habe, gab es abends beim Schloss in Engers ein großes Feuerwerk.

Ich war tief beeindruckt von den vielen bunten Lichtern und den ungewöhnlichen Geräuschen. Es war überhaupt nicht schlimm. Skillo und Elsa machte das ja auch nichts aus und so schlief ich nach diesem anstrengenden Tag todmüde auf Hannes Arm ein.

Bei Nacht habe ich dann in meiner Höhle geschlafen. Meine Höhle ist eine Hundebox mit einem gemütlichen Kissen. Da fühl ich mich sauwohl. Dorthin kann ich mich auch am Tag zurückziehen, wenn es mir zu viel wird oder ich einfach nur eine Runde schlafen möchte.

Die nächsten Tage waren genau so aufregend. Ich war mit Hanne am Bahnhof und beim Einkaufen. Sie sagte: „Tessy, Du musst Dich an alles gewöhnen, vor allem an die Geräusche!"

Sie schleppte mich die meiste Zeit noch auf dem Arm durch die Gegend. So behütet waren die neuen Geräusche überhaupt nicht schlimm.

So gingen wir zwei auch durch das dickste Menschengetümmel und durch laute Baustellen. Natürlich tobe ich dann zum Ausgleich wieder mit Elsa und Skillo um die Wette. Auch meine Schwestern Tanja und Tara besuchen wir regelmäßig bei ihren Patenfamilien oder wir treffen uns zu gemeinsamen Spaziergängen am Rhein. Da bin ich anschließend dann nicht mehr blond sondern matschgrau und Frauchen steckt mich in die Badewanne. Das finde ich nicht so lustig, aber ich lasse es über mich ergehen. Vor allem dieser gute Geruch von Schlamm und Fisch ist dann weg und ich rieche nur noch so komisch nach Babyshampoo.

Bildbeschreibung oben: Tessy und ihre
Schwester Tanja
Bildbeschreibung unten: Tessy in der Pfüt-
ze

Auch beim Tierarzt waren wir schon. Der ist ja ganz
nett. Das erste Mal ging ich eh nur so mit, wir holten

Wurmtabletten, da wurde ich natürlich von allen bewundert und bekam dann noch ein Leckerli von dem netten Doktor. So ein Tierarztbesuch ist doch schön.

Zu Hause dann bekam ich an drei aufeinander folgenden Tagen eine Wurmtablette. Das ist auch nicht schlimm. Frauchen wickelte die Tablette in Leberwurst und die schmeckt sowieso lecker.

Nach etwa einem Monat fuhren Frauchen und ich dann das erste Mal mit dem Bus nach Neuwied. Autofahren kenne ich ja schon, da schlafe ich meistens ein. Aber Busfahren ist auch nicht schlecht. Der schaukelt so schön. In Neuwied am Bahnhof haben wir dann Biggi und Peppy getroffen. Peppy ist ein schwarzer Flat Coated Retriever und Biggis Blindenführhund. Nach unserer Begrüßung gingen wir dann los. Biggi lief mit Peppy voraus und ich mit Frauchen nach. Das hat mich schwer beeindruckt. Der Peppy musste auf die Mülltonnen, die auf dem Bürgersteig standen, achten, auf Leute, die entgegenkamen, und auf Reklameschilder, die rumstanden. Alles Dinge, die ein Sehender gar nicht bewusst wahrnimmt. Der Peppy macht seine Arbeit ganz toll. Und das soll ich später, wenn ich groß bin, auch mal machen. Da muss ich aber noch ganz schön viel lernen. Wir gingen noch gemeinsam in ein Café wo ich natürlich todmüde von den vielen neuen Eindrücken eingeschlafen bin. Nachdem wir uns von Biggi und Peppy verabschiedet haben, fuhren Frauchen und ich mit dem Bus wieder zurück nach Hause.

Unsere Ausflüge nach Neuwied fanden nun regelmäßig statt. Biggi betreut die Welpen der Führhundeschule. Sie wollte natürlich unsere Fortschritte mitbekommen und den Patenfamilien mit Rat und Tat zur Seite stehen. Wir übten so spezielle Sachen wie mit einem gläsernen Aufzug fahren, wo man rausschauen kann. Aber das mit dem Rausschauen oder Durchschauen kenn ich ja auch schon ein bisschen. Frauchen geht mit mir ja regelmäßig zur Eisdiele. Dort ist ein großes Gitter mit einem ebenso großen Kellerschacht. Da kann ich ja auch durchschauen und habe keine Angst mehr. Da kommt ja noch das komische Gefühl an den Pfoten dazu wenn ich übers Gitter gehe.

Bei uns im Haus kann ich inzwischen die große Holztreppe auch ganz alleine runtergehen. Rauf ging ja schon länger, aber runter. Ich habe all meinen Mut zusammengenommen und dann in einem unbeobachteten Moment bin ich dann los. Es war gar nicht schlimm. Ich war mächtig stolz auf mich als ich unten ankam. Da haben sie vielleicht geschaut meine Paten als ich schon unten war.

Frauchen sagt jetzt immer: „Tessy sitz!" Dann weiß ich, dass ich mich hinsetzen soll. Das macht sie beispielsweise vor der Tür, dann geht sie zuerst durch, oder bevor sie mir mein Futter hinstellt. Wenn sie dann noch „Platz!" sagt, will sie, dass ich mich hinlege. Das klappt schon ganz gut. Auch im Auto müssen wir Hunde zuerst sitzen, bevor sie uns rauslassen.

Nur kann ich nicht verstehen, dass ich an der Führleine nicht schnüffeln darf, wo das doch alles so unverschämt gut riecht. Frauchen ist auch nicht so begeistert, wenn ich draußen im Hof alle Blumen abfresse und ausgrabe. Die weiß gar nicht, wie viel Arbeit das macht. Sonst macht mir mein Hundeleben richtig Spaß. Es gibt so viel zu entdecken und zu erleben auf dieser großen weiten Welt. Meine Paten zeigen mir ganz viel. Sie gehen mit mir in Gasthöfe und Veranstaltungen.

Neulich waren wir auf einem Dorffest mit einem großen Karussell und lauter Musik. Das war ganz interessant.

Ich lerne viele Leute kennen, große und kleine, wobei mir die Kleinen lieber sind und manchmal darf ich auch mit anderen Hunden spielen. Nur wenn ich an der Führleine bin, darf ich nicht hin zu meinen vierbeinigen Kollegen.

Frauchen macht mit mir jetzt auch so komische Übungen. Erst ist Bürsten und Schlappohren saubermachen angesagt, dann Fieber messen mit dem Fieberthermometer, obwohl ich überhaupt nicht krank bin. Einfach nur zur Übung sagt sie und dann bekomme ich zur Belohnung ein getrocknetes Schweineohr. Das ist vielleicht lecker! Sie hat es mir aber ein paar Mal abgenommen und dann wiedergegeben. Sie wollte ja nur schauen, ob ich knurre, wenn sie mir so was Gutes wegnimmt, aber das tu ich doch nicht.

Es ist inzwischen Anfang Oktober und ich bin jetzt schon drei Monate bei meiner Patenfamilie. Wir sind viel unterwegs mit dem Wohnmobil und täglich lerne ich neue Dinge kennen. Mein Leben ist wirklich interessant. Zurzeit sind wir in Urlaub an der Ostsee. Wir bleiben eine Woche und wohnen in einem feinen Apartmenthaus. Den Aufenthalt hier hat Frauchen in einem Preisausschreiben gewonnen. Bei einer Hundezeitung suchten sie nach einem lustigen Hundefoto und Frauchen schickte eines ein, wo sie Skillo in Griechenland mal am Strand eingegraben hat. Es schaute nur noch der Kopf raus. Frauchens Foto hatte dann doch tatsächlich den ersten Preis gewonnen und nun sind wir hier. Es ist schön, aber das Meer ist mir viel zu salzig zum Baden. Außerdem sind die Wellen viel zu hoch für mich. Der Strand ist aber toll. Ich buddle mit Elsa und Skillo um die Wette. Das macht einen Riesenspaß. Ist echt schön so ein Urlaub.

Bildbeschreibung: Tessy buddelt am Strand

Tagsüber fahren wir im Wohnmobil und schauen uns die Umgebung an. Wenn wir die Städte besichtigen, darf ich immer mit, weil ich ja noch so viel kennenlernen soll. Das macht auch Spaß. Als wir in Wismar spazieren gingen fuhr ein großes rotes Feuerwehrauto mit lauter Sirene an uns vorbei. Da hab ich mich aber zunächst schon ein bisschen erschreckt. Da schaute ich auf Frauchen und Herrchen, welche aber überhaupt nicht darauf reagierten.

Dann muss das wohl normal sein, also nichts Bedrohliches. Dann kann ich ja das nächste Mal, wenn mir wieder so ein lautes Fahrzeug begegnet, ganz gelassen bleiben.

Hier in unserem Apartment gibt es eine freie Holztreppe, die nach oben zu den Schlafzimmern führt. Ich lauf da rauf und runter, als wäre es das Normalste auf der Welt.

Wir waren auch auf einem Pferdemarkt. Da gab es Pferde, Kühe, Ziegen und Hühner. Da war auch ein Kinderkarussell mit lauter Musik, aber das kenn ich ja schon vom Dorffest.

Ich kann jetzt auch schon ganz alleine wie die Großen in unseren Kombi springen. Meine Paten haben vielleicht geschaut als ich schon im Auto saß. Dann übt Frauchen mit mir schon eine ganze Weile „sitz, platz und bleib". Das klappt auch schon ganz gut. Nur geht sie dabei jetzt immer ein Stück weg von mir, aber nicht so weit und ich weiß ja, sie holt mich wieder ab. Ja und sie freut sich immer so schön, wenn ich sitzen oder liegen bleibe. Ich laufe jetzt auch umgehend zu ihr, wenn sie „Tessy komm!" ruft. Denn manchmal bekomme ich dann auch ein Leckerli. Leider nicht immer. Die Großen hören auch auf „komm", aber die bekommen nie ein Leckerli.

Neulich trafen wir uns mit meinen Schwestern Tanja und Tara im Tierheim. Dort war ein Herbstfest. Das war schön. Wir haben viele Hunde getroffen. Ich habe mit Tanja und Tara auf dem Feld gespielt und getobt bis wir fix und fertig waren. Auf dem Weg zurück zum Auto bin ich über einen langen Baumstamm balanciert. Das war ganz schön schwer, aber ich habe es geschafft. Anschließend sind wir dann noch auf einen großen Bauernhof gefahren, wo Tag der offenen Tür war. Da habe ich Schweine kennengelernt. Pferde, Rinder und Hühner kenne ich ja bereits, aber es war trotzdem sehr interessant.

Dann waren wir mit dem Wohnmobil in Würzburg, wo ich das erste Mal Straßenbahn gefahren bin. Wir sind über einen Markt gebummelt, wo es unverschämt gut roch, aber Frauchen hat darauf bestanden, dass ich meine Nase oben lasse. Dabei lag da doch durchaus mal was am Boden, was ich als junge Labradordame noch gebrauchen könnte. Gemein ist das!

Auf dem Marktplatz gab es auch Tauben, aber immer wenn ich dicht dran war, flogen sie weg. Es waren viele Menschen unterwegs. Kinder saßen auf so Wackeltieren und hatten ihren Spaß.

Am Abend feierten wir bei Freunden noch einen Geburtstag. Natürlich war ich mitten drin. Ich war ganz artig, hab nicht gebettelt oder sonst einen Blödsinn gemacht.

Ich bin ja jetzt schon ganz schön groß und meine Paten können mich überall problemlos mitnehmen.

Es ist jetzt Mitte November und heute bekam ich vom Tierarzt einen Mikrochip. Das hat nicht wehgetan. Es war wie eine große Spritze. Dann kann man mit einem speziellen Lesegerät ablesen wohin ich gehöre. Da gehe ich jetzt nie mehr verloren. Der Doktor sagt, dass ich eine schöne Hundedame geworden bin.

Vor ein paar Tagen war es komisch. Frauchen schmückte das Haus mit bunten Laternen und draußen vor dem Haus hängt seit ein paar Tagen ein riesengroßer Nikolaus. St. Martin ist heute, sagt sie, und am Abend geht hier der Martinszug vorbei. Was das wohl ist?

Abends, als es schon dunkel war, gingen wir raus auf die Straße und da kam der Zug auch schon. Zuerst kam St. Martin auf seinem Pferd. Mit Pferden habe ich ja keine Probleme, aber bei uns hier in dieser engen Straße war es doch was anderes. Anschließend kamen ganz viele singende Kinder mit ihren bunten Laternen und anschließend noch eine Musikkapelle mit Pauken und Trompeten. Das hat ja wirklich schön ausgeschaut. So ein Martinszug ist ja was Schönes.

Wir waren auch wieder mit dem Bus in Neuwied. Dieses Mal waren auch meine Schwestern Tanja und Tara mit ihren Frauchen dabei. Nach unserer überschwänglichen Begrüßung am Bahnhof haben wir eine große Runde durch Neuwied gedreht. Biggi hat immer abwechselnd einen von uns jungen Hunden geführt und war recht zufrieden mit uns. Später sind wir dann wieder in ein Café eingekehrt, wo wir uns alle auch sehr gut benommen haben.

Bildbeschreibung: Skillo, Elsa und Tessy schauen aus dem Fenster des Wohnmobils

Es ist Weihnachten und wir sind in Spanien auf einem Campingplatz. Meine Familie hat hier am Auto ein großes Zelt angebaut. Hier sitzen wir jetzt und feiern Weihnachten. Es ist richtig schön hier in Spanien. Es ist zwar kühler als sonst, sagt Herrchen, aber wir gehen spazieren durch Mandarinenhaine und ich fresse alle Mandarinchen, die auf der Erde liegen. Wir können den ganzen Tag toben und spielen. Das ist ein richtiges Paradies für uns.

Und trotz Weihnachten und Spanien muss ich weiterhin „sitz, platz und bleib" üben und ich darf nach wie vor nicht an der Leine ziehen oder rumschnüffeln. Beim Freilauf hole ich das aber alles nach. Für uns Hunde hat das Christkind übrigens auch was gebracht: leckere Schweineöhrchen und ein Töpfchen mit Hundefutter, welches Frauchen unter unser Trockenfutter mischt. Das schmeckt echt lecker. Da muss heute ja wirklich ein ganz besonderer Tag sein. Aber wo mag dieses Christkind nur reingekommen sein. Wir Hunde haben doch besonders gut aufgepasst und nichts bemerkt. Aber trotzdem, toll, dass es an uns gedacht hat.

Oh, vor ein paar Tagen bekam ich schwer Ärger. Wir waren gerade einen Tag hier in Spanien angekommen. Meine Familie war einkaufen und wir Hunde blieben im Wohnmobil. Das ist normalerweise überhaupt kein Problem. Doch diesmal war mir so langweilig, da habe ich an der Wand über dem Sitz die Tapete abgefressen. Schon ein großes Stück. Da habe ich ganze Arbeit geleistet. Meine Familie war gar nicht so begeistert. Zuerst hatte ich ja Glück. Sie dachten erst, es wäre die Elsa gewesen, die Ärmste. Am Nachmittag, als ich dann weitermachen wollte, da haben sie mich auf frischer Tat ertappt. Oh, das war schlimm!

Herrchen hat schwer geschimpft mit mir, mich am Nacken gepackt und „pfui ist das!" gerufen. Dann mach ich das jetzt lieber nicht mehr. War ja auch eine doofe Idee von mir.

Heute ist Silvester. Mal schauen, was das für ein Tag ist. Heute Nacht um 0 Uhr fängt dann ein neues Jahr an. Das Jahr 2002. Wir brauchen hier in Spanien keine Angst zu haben. Hier ist Feuerwerk verboten, wegen der Trockenheit.

Gestern Abend war meine Familie im Restaurant zum Essen. Die Großen mussten im Auto bleiben, ich durfte mit. Erstens weil ich die anderen Leute, das gute Essen und den guten Geruch einfach ignorieren soll und Zweitens, weil die Angst um ihr Wohnmobil haben. Es sieht aber auch hässlich aus, was ich mir da aus lauter Übermut geleistet habe.

Zu einem richtigen Spanienurlaub gehört natürlich auch das Baden im Meer. Anfang des neuen Jahres besserte sich das Wetter und wir marschierten alle miteinander zum Meer. Wir konnten bis jetzt sowieso nicht, weil Elsa eine verletzte Pfote hatte. Aber jetzt ist alles wieder gut. Sie war auch die Erste im Wasser. Die Elsa kann schwimmen wie ein Fisch. Ich rannte hinter der Elsa her und schwuppdiewupp nahm mich schon eine große Welle mit. Igitt, ist das Wasser salzig. Das war nicht so gut. Ansonsten hat mir unser Spanienurlaub sehr gut gefallen.

Wir sind schon wieder fast zwei Wochen zu Hause und es ist Karneval. Bereits in der Früh lief laute Musik auf der Straße. Frauchen und Michael nehmen mich am Nachmittag an die Leine und ziehen mir ein buntes Halstuch an und setzen mir einen Clownshut auf. Was soll das denn jetzt sein? Das mit dem Hut finde ich schon seltsam, aber mit mir kann man das ja machen. An der Straße stehen lauter Jecken. Alle sind lustig, singen und schunkeln. Alle lachen, weil ich ja ein Hundejeck bin. Ich finde das gar nicht so lustig. Also auf den Karneval könnte ich gut verzichten.

Die letzte Woche waren wir bei Biggi und Paul in Aegidienberg in der Blindenführhundeschule. Sie haben sich gefreut, mich zu sehen und dass es mir so gut geht. Peppy war auch da. Dem habe ich erst einmal all seine Spielsachen abgenommen, aber spielen wollte er nicht so recht mit mir. Paul ist dann eine Runde mit mir durch den Ort gelaufen und er war auch ganz zufrieden mit mir. Ja, dann werde ich wohl in zwei bis drei Monaten hier in der Blinden-führhundeschule einziehen. Ob aus mir wirklich ein richtiger Blindenführhund wird und ob Tanja und Tara dann auch hier sind? Mal abwarten!

Wir drei Hundemädels müssen jetzt nacheinander für fünf Tage hierher und dann entscheidet es sich, ob wir wirklich geeignet sind zur Ausbildung. Dazu gehört auch eine genaue tierärztliche Untersuchung mit Röntgen der Gelenke.

Da bin ich ja mal gespannt.

Meine Paten haben ihr Wohnmobil gepackt und wir sind auf Ostertour. Ins Saarland sind wir gefahren zum Wolfsgehege nach Merzig. Wir haben auf dem Parkplatz geschlafen und da habe ich nachts meine Urahnen, die Wölfe, heulen hören. Das war ganz schön schaurig. Ich wusste ja erst nicht, was das war. Skillo und Elsa kannten das ja schon.

Morgens sind wir dann am Wolfsgehege spazieren gegangen und da habe ich sie gesehen, meine Urah-nen. Das war beeindruckend. Schön, dass mir meine Paten diese Möglichkeit geboten haben. Das war schon interessant.

Wieder zu Hause angekommen treffen wir uns mit meinen Schwestern Tanja und Tara am Rhein zu einem ausgiebigen Spaziergang. Wir haben getobt, gespielt und sind geschwommen. Das war echt schön. Es war unser letzter gemeinsamer Spaziergang. Tara ist leider nicht geeignet für die Ausbildung zum Blindenführhund. Sie geht bereits morgen zu ihrer neuen Familie nach Bonn. Sie wird es dort bestimmt sehr gut haben, einfach als Familienhund. Bin ja gespannt, ebenfalls morgen geht meine Schwester Tanja für 5 Tage zu Biggi und Paul und nächste Woche dann ich.

Bildbeschreibung: Tessy mit ihren Schwestern Tanja und Tara beim Spaziergang.

Bildbeschreibung: Tessy, Tanja und Tara baden im Rhein.

Nun beginnt also meine Probezeit hier an der Führhundeschule. Die Paten von Tanja sind mit hierher gefahren, um Tanja abzuholen. Sie darf noch einmal eine Woche nach Hause und dann beginnt ihre Ausbildung hier bei Biggi und Paul. Nachdem unsere Menschen bei einem Kaffee gequatscht haben und wir Hunde im Garten eine Runde toben durften, fahren meine Paten und auch Tanja mit ihrer Familie wieder nach Hause. Ich muss hier bleiben. Das fällt mir schon schwer, aber Biggi und Paul beschäftigen sich gleich mit mir. Ist auch ein schönes Gefühl, so im Mittelpunkt zustehen.

Die nächsten Tage lief Paul mit mir in der Stadt. Er schaute, wie ich auf verschiedene Situationen und Geräusche reagiere. Wir gingen an anderen Hunden vorbei, an ganz lieben, aber auch an knurrenden, bellenden Hunden. Das machte mir aber alles nichts aus. Ich wusste ja, wenn ich an der Leine bin, gehen die mich nichts an. Ich habe mich auch zusammengenommen, was das Schnüffeln anbelangt, obwohl hier ja alles neu und äußerst interessant für mich war. Wir waren auch im Restaurant und ich durfte mit anderen Hunden im Park spielen. Alles kein Problem für mich. Paul war sehr zufrieden mit mir. Auch die gesundheitliche Untersuchung beim Tierarzt war voll in Ordnung. Also bin ich dazu geeignet, ein Blindenführhund zu werden.

Ich spiele gerade mit Peppy und Taris. Taris ist genauso wie Peppy ein Flat Coated Retriever. Er sollte eigentlich auch Blindenführhund werden, war aber dann nicht geeignet für diese anspruchsvolle Aufgabe. Jetzt ist er einfach Pauls Privathund.

Auf einmal höre ich das Auto meiner Patenfamilie. Ich traute meinen Schlappohren erst nicht. Doch Herrchen, Frauchen und Michael steigen aus. Ob sie mich jetzt wieder mitnehmen? Wir begrüßen uns und gehen alle zusammen nach oben. Ich freue mich so. Paul kocht Kaffee und dann erzählen sie von all meinen Schandtaten, dass ich Socken geklaut habe und einfach zu Biggi ins Bett gekrochen bin. Und Paul erzählt auch, dass ich unterwegs total aufgepasst habe, ob ich nicht doch irgendwo mein Frauchen sehe. Das ist eben mal so. Ich habe sie vermisst. Aber sie erzählen auch, dass ich Biggis Katze nicht gefressen habe, dass ich schön an der Treppe stehen geblieben bin und dass ich mich ohne Probleme an der Leine lösen kann. Dass ich eine liebe Hundedame geworden bin, da sind sie sich alle einig. Ich darf noch einmal für zwei Wochen mit zu meinen Paten und dann beginnt hier meine Ausbildung.

Wir kommen gerade nach Hause von unserem Spaziergang. Frauchen hat noch Fotos von mir gemacht im blühenden Löwenzahn, da ruft Biggi an. Am Freitag kommen sie mich abholen. Irgendwie bin ich schon ein bisschen traurig, aber andererseits freue ich mich schon auf meine Schwester Tanja und die anderen Hunde. Bei Biggi, Paul und den Mädels fühle ich mich ja auch wohl und außerdem darf ich in den nächsten Monaten viel Neues lernen. Ich bin ja auch stolz für die Aufgabe als Blindenführhund geeignet zu sein; das schaffen ja nur sehr wenige Hunde.

Bildbeschreibung: Tessy in der Blumenwiese

Kapitel 4: Ausbildung

Es ist Samstag, der 4. Mai 2002, und heute ist mein erster Geburtstag. Ich bin jetzt schon seit zwei Wochen hier an der Blindenführhundeschule bei Biggi und Paul. Meine Schwester Tanja ist bereits ein paar Tage länger hier. Sie begrüßte mich total überschwänglich, als ich hier ankam. Peppy und Taris gehörten natürlich auch zum Begrüßungskomitee. Wir tobten gleich mal eine Runde im Garten. Jetzt habe ich wieder neue Freunde. Das ist doch schön. Überhaupt fühle ich mich sehr wohl hier. Ich habe mich gut eingelebt. Heute hat mir Biggi einige von Hannes selbstgebackenen Hundekeksen gegeben. Die hat sie bestimmt extra zu meinem Geburtstag gebacken und mit der Post geschickt, denn besuchen dürfen sie mich jetzt noch nicht. Das wäre nicht gut für mich.

Paul hat auch schon trainiert mit mir. Erst hat er mir ein sogenanntes Führgeschirr angezogen. Das ist ein Brustgeschirr aus Leder mit einem Führbügel dran. Über den Führbügel werden meine Bewegungen an die Hand des blinden Führhundehalters weitergegeben. Wenn ich beispielsweise am Bordstein anhalte, bemerkt das mein blinder Halter sofort. Auch wenn ich rauf oder runter gehe wie bei einer Treppe kann er es so gut spüren. Das Trainingsgeschirr von Paul ist jetzt noch braun, aber wenn ich dann bei meinem blinden Menschen bin, bekomme ich ein weißes. Das weiße Blindenführhundgeschirr ist nämlich auch ein Verkehrsschutzzeichen und jeder andere Verkehrsteilnehmer kann daran erkennen, dass ich ein ausgebildeter Blindenführhund bin.

Paul zog mir also mein Trainingsgeschirr an und wir gingen einfach einen geraden Weg gleich hier in der Nähe. Er lernte mir erst, dass ich gerade ging und dass ich einen angenehmen gleichmäßigen Zug drauf habe. Wenn wir an einer Bordsteinkante ankommen, hält Paul immer an. Er klopft mit seiner Schuhsohle gegen die Bordsteinkante und sagt: „Bord". Das ist also ein Bord. Paul lobt mich: „Good girl!" Paul kommt ursprünglich aus Australien und seine Muttersprache ist Englisch. Das „Good girl!" klingt einfach toll.

Paul zeigt mit einer Hand nach rechts und sagt: „Tessy rechts weiter". Das muss die Richtung sein, wo die Hand hin zeigt. Ja „Good girl", genau richtig. Genauso machen wir es in die andere Richtung. Das heißt dann „links weiter". Wenn ich gerade aus nach vorne weiter gehen soll, sagt Paul: "Tessy voran weiter" und zeigt mit seiner Hand in diese Richtung. Da habe ich nun schon einiges gelernt in dieser kurzen Zeit. Da bin ich ja gespannt was ich noch alles lernen darf. Das macht echt Spaß.

Wir trainieren so jeden Tag in Aegidienberg hier im Dorf. Paul lernt mir, Treppen und Türen anzuzeigen. Ganz viele verschiedene, ob die drinnen oder draußen sind, ist ganz egal. Das natürlich in alle drei Richtungen, das kann ich jetzt ja schon ganz gut.

Wir weichen sämtlichen Hindernissen aus, die sich auf unserem Weg befinden; egal ob das Fahrräder, Mülltonnen oder parkende Autos sind. Paul sagt, dass ich da besonders gut aufpassen muss, dass nicht nur ich sondern auch mein blinder Mensch dran vorbei kommt. Wenn es knapp ist, klopft Paul gegen das Hindernis und sagt: „Tessy aufpassen!"

Dann weiß ich, dass ich das nächste Mal noch weiter ausweichen muss.

Paul übt mit mir auch „sitz, platz und bleib". Genau das Gleiche wie bei meiner Patenfamilie. Besonders schwer fällt mir das, wenn wir diese Übung in der Nähe der Schule machen, wo doch so viele meiner kleinen Freunde sind. Und ich soll da einfach liegen bleiben. Das ist schon gemein!

Was ich immer noch nicht darf, ist schnüffeln; auch nicht im Führgeschirr. Gerade in der neuen Umgebung gibt es doch so viele neue Gerüche. Ja und zu anderen Hunden darf ich, wenn ich an der Leine oder im Führgeschirr bin, auch nicht hin. Das ist immer noch das Gleiche wie bei meiner Patenfamilie. Leider!

Inzwischen ist es Juli und hier ist ganz schön was los. Anja und Bianca haben Ferien. Es sind immer wieder andere Kinder da. Die mag ich. Was ich aber äußerst gemein finde: Immer wenn ich versuche, auf Biggis Sofa zu liegen, bemerkt sie es. Ich dachte, sie sieht nichts, aber irgendwie bekommt sie es doch mit. Da muss ich jetzt wohl vorsichtiger sein.

Ich bin traurig, weil meine Schwester Tanja nicht mehr da ist. Sie hat sich zu sehr gestresst mit der Führarbeit. Sie ist also auch ausgeschieden von der Ausbildung. Tanja durfte wieder zurück zu ihrer Patenfamilie, einfach als Familienhund. Ich vermisse sie schon. Ich konnte so schön mit ihr spielen. Aber heute kommt ein neuer Hund auf Probe zu uns. Es ist Timba, ein junger schwarzer Labradorrüde. Ich verstehe mich sofort mit ihm. Hoffentlich ist er geeignet.

Übrigens habe ich mit Bianca zusammen eine neue Möglichkeit gefunden, Paul und Biggi auszutricksen. Bianca lässt bei Nacht immer ihre Zimmertüre etwas auf. Wenn dann alles ruhig ist, schleiche ich mich auf leisen Pfoten ganz vorsichtig zu ihr und schlüpfe unter die Bettdecke. Unsere Abmachung darf Paul auf keinen Fall mitbekommen, sonst gibt es mächtig Ärger. Das muss unser Geheimnis bleiben.

Bianca ist inzwischen meine beste Freundin hier im Haus. Zu ihr kann ich immer gehen, wenn ich Streicheleinheiten brauche. Dafür trage ich ihr dann auch ihre Schuhe und Socken nach.

Ich darf mit Paul jetzt auch schon in die Stadt nach Bad Honnef. Das ist ganz schön anstrengend. Da geht es hier im Dorf doch etwas ruhiger zu. Die vielen Leute auf den Straßen, da muss ich ganz schön aufpassen, dass wir da heil durchkommen. Auch gibt es hier viel mehr Hindernisse wie Kleiderständer und Reklameschilder. Da bin ich schon ganz schön gefordert. Zu Hause kann ich dann aber jetzt mit Timba im Garten spielen. Er ist zum Glück geeignet und darf die gleiche Ausbildung beginnen wie ich.

In der Stadt lerne ich viele neue Dinge wie Ampeln anzeigen, was mir besonders viel Spaß macht. Die darf ich dann anspringen und alle Menschen schauen, was ich für ein toller Hund bin. Echt super, was ich jetzt schon alles kann.

Wenn wir in Kaufhäuser gehen und Paul sagt: „Tessy such Treppe!" darf ich auf keinen Fall eine Rolltreppe anzeigen. Das wäre viel zu gefährlich für mich. Wenn ich da die Krallen reinbekomme, könnte ich mich schwer verletzen. Also lass ich das lieber bleiben.

Es wird jetzt auch wieder ruhiger in der Stadt. Es ist Anfang September. Die Schulferien und die Urlaubszeit sind vorbei. Vor allem in den Straßencafés und im Park sind nicht mehr so viel Leute. Gestern war ein toller Tag. Ich ging in der Früh wie jeden Tag mit Paul und Timba zu unserem Lösenplatz. Wir müssen beide an der Leine lösen, weil das wichtig ist für blinde Hundehalter. Es ist nicht überall möglich oder zu gefährlich Hunde frei laufen zu lassen. Zu Hause vertilgten wir gerade unser Frühstück, da höre ich das Auto meiner Patenfamilie. Ich dachte, ich hör nicht recht. Doch sie waren es tatsächlich. Sie haben mich doch nicht vergessen. Juhu, ich muss sofort zu ihnen. Super, jetzt kann ich ihnen endlich zeigen, was ich alles gelernt habe. Sie freuen sich riesig, weil es mir so gut geht.

Paul kocht Kaffee und erzählt Hanne und Hein von mir und meinen Lernfortschritten. Wir Hunde müssen ruhig liegen bleiben, wir haben ja erst gefressen. Später darf Biggi dann mit mir im Führgeschirr vorführen, was ich doch schon für ein toller Blindenführhund bin. Wir gehen hier in Aegidienberg kreuz und quer durch die Straßen. Ich zeige alle Bordsteinkanten an, gehe problemlos an anderen Hunden vorbei, schnüffle nicht und renne auch keine von den vielen Mülltonnen um. Also echt vorbildlich. Ich muss jetzt ja besonders zeigen, was ich kann. Bin echt stolz auf mich und meine Pateneltern natürlich auch. Sie können es kaum fassen, wie gut ich meine Arbeit schon mache. Der Tag ging viel zu schnell vorbei. Hanne und Hein drücken mich und sagen: Tessy, mach weiter so. Du bist ein tolles Mädchen!" Oh Mann bin ich stolz, aber auch ein bisschen traurig, dass sie wieder weg sind. Aber sie besuchen mich bestimmt wieder.

Ich bin ja so froh, dass ich so tolle Pateneltern hatte. Dass sie mir so viel gezeigt haben und ich so viel erleben durfte, so dass ich mich jetzt ganz auf meine Führarbeit konzentrieren kann.

Wenn Biggi mit Peppy weggehen möchte, schubse ich ihn immer zur Seite. Biggi kann jetzt doch mit mir gehen. Ich kann das doch genauso gut. Biggi wollte mit Peppy einkaufen gehen, zum Schlecker hier in Aegidienberg. Ich schubste auch diesmal Peppy zur Seite. Paul sagt zu Biggi: Du kannst ruhig die Tessy nehmen. Sie kann das!" Also marschierte ich mit Biggi zum Schlecker. In der Nähe vom Schlecker sagte Biggi schon zu mir: „Zum Schlecker, Tessy links zeig Tür!" Das musste dort vorn sein, wo so viel Körbe vor der Tür stehen. Da muss ich besonders vorsichtig sein, dass ich da nichts umrenne. Wir waren beim Eingang. Biggi freute sich riesig: „Good girl, feine Tessy!" Wir gehen rein in das Geschäft. Bis jetzt durfte ich da ja nicht rein, weil Sehende mit ihren Hunden keinen Zutritt haben; auch nicht Paul als Führhundtrainer. Die sind da besonders streng. Ich führte Biggi also vorsichtig durch die Regale. Was es da alles gibt: Kosmetik, Babynahrung und sogar Tierfutter

Ich kam vor lauter Staunen nicht mehr mit. Ans Schnüffeln hab ich überhaupt nicht gedacht. Ich hatte gar keine Zeit, ich musste ja auf Biggi aufpassen, dass wir da wieder heil rauskommen. Biggi sagt: „Tessy, zur Kasse!" Das kenn ich schon von den Kaufhäusern in Bad Honnef, Biggi bezahlt und wir gehen wieder raus. Mann oh Mann, das war vielleicht aufregend. Biggi freut sich genauso wie ich. Ganz stolz gehen wir wieder nach Hause. Paul war auch total begeistert von unserem Supererfolg.

Am nächsten Tag war ich mit Paul wieder in Bad Honnef unterwegs. Was sehe ich da. Wieder einen Schlecker wie in Aegidienberg. Da muss ich hin. Ich führe Paul als wäre es das Normalste auf der Welt ganz zielstrebig zum Eingang vom Schlecker. Paul freut sich und lobt mich total: „Good girl!" Doch Paul darf leider nicht rein mit mir. Schade! Das war doch so interessant in dem Geschäft. Dann weird ich das eben mit Biggi wiederholen. Paul freut sich aber trotzdem, weil ich gleich wieder erkannt habe, dass das hier auch ein Schlecker ist. Bin ich nicht ein kluges Mädchen!

Wir gehen hier in Bad Honnef Zum Bahnhof. Das kenne ich ja bereits von meiner Patenfamilie. Die vielen Leute und die komischen Rollenkoffer kenne ich ja bereits. Nur muss ich jetzt auf meinen Trainer aufpassen, dass wir überall heil durchkommen. Früher hat ja Hanne auf mich aufgepasst. Das war einfacher für mich! Die festen Hindernisse sind ja kein Problem, aber die Menschen bleiben einfach stehen, wenn ich nicht damit rechne oder machen auf einmal einen Schlenker zur Seite. Da bin ich ganz schön gefordert. Es macht aber auch Spaß. Ich bin gerne im Menschengewühl unterwegs. Paul bringt mir jetzt auch bei, dass ich mit meinem blinden Menschen niemals zu nahe zum Bahnsteig gehe, wenn kein Zug da steht. Die sogenannte Abgrundverweigerung. Ja da geht's ganz schön weit runter. Das könnte verdammt gefährlich werden. Paul drückt mich mit dem Führbügel richtig gegen den Bahnsteig, aber ich bin stärker. Das macht Spaß, sich zu widersetzen. Ich bin doch nicht blöd und springe da mit meinem Menschen in den Abgrund, da kann er noch so fest drücken. Natürlich lobt mich Paul ganz fest, weil ich das so toll gemacht habe.

Zu Hause ist es gerade komisch. Taris hat so ein seltsames Ding um den Hals. Schaut aus wie ein Lampenschirm. Paul sagt: Taris darf jetzt auf keinen Fall unbeaufsichtigt mit den anderen Hunden zusammen sein. Aber warum denn das? Taris hat eine Verletzung am Bauch und ohne diesen Schirm würde er die Wunde immer wieder auslecken und diese könnte nicht heilen. Ja und wenn er mit uns zusammen wäre, würden wir ihm ja dabei helfen, Blödsinn zu machen. Also besser nicht, da hat Paul schon Recht. Dann ist Taris ganz schnell wieder gesund und wir können wieder gemeinsam im Garten toben.

Zu diesem Zeitpunkt ahnte ich noch nicht, dass ich auch bald so einen Schirm um den Hals habe. Ich wurde kastriert. Meine Aufgabe ist es ja in Zukunft, einen blinden Menschen zu führen und nicht kleine Hundebabys zu bekommen. Von der Operation selber bekam ich ja zum Glück nichts mit. Ich hatte auch nur einen kleinen Schnitt am Bauch und dass ich jetzt nicht zu den anderen Hunden darf, das ist das Schlimmste an der Sache. Wir haben jetzt bereits November und draußen ist alles so düster und grau. In der Fußgängerzone und in der Stadt ist es jetzt wesentlich ruhiger, aber auch langweiliger, aber dafür dürfen Timba und ich jetzt oft in anderen Städten trainieren. Wir fahren mit Paul nach Bonn, nach Köln und neulich waren wir sogar in München. Wir besuchen des Öfteren blinde Menschen, die auf der Suche nach einem Blindenführhund sind. Paul ist jetzt also auf der Suche nach dem geeigneten Menschen für mich. Paul sagt: Das muss einfach passen, zuvor gebe ich Dich nicht ab. Ich lerne viele Menschen kennen und andere Hunde. Außerdem ist es echt interessant, in anderen Städten zu trainieren. In München durfte ich beispielsweise U-Bahn fahren, aber das ist auch nicht viel anders wie im Zug oder der Straßenbahn. Nächstes Wochenende fahren wir in die Nähe von Freiburg. Dort lebt ein blindes Ehepaar, die beide auf der Suche nach einem neuen Blindenführhund sind. Das wäre ja super, vielleicht kann ich dann mit Timba zusammen bleiben. Da bin ich ja schon superneugierig.

So, nun sind wir also in Wyhl am Kaiserstuhl. Das ist in der Nähe von Freiburg. Rosi und Joe erwarten uns schon. Timba rennt sofort zu Joe, aber mich interessieren erst Mal die Hühner, die Ziegen, die Hasen und was es hier alles gibt. Erst dann begrüße ich Rosi und Joe. Ist ja auch aufregend hier. Dann lernten wir noch den Boris kennen. Boris ist ein 6jähriger Schäferrüde und noch der Führhund von Rosi. Sie muss ihn aber abgeben, weil er einen zu großen Schutztrieb entwickelt hat. Es ist einfach zu gefährlich geworden für Rosi, mit Boris unterwegs zu sein. Sobald Rosi einen Nachfolger für ihn gefunden hat, darf er nach Freiburg zu einem sehr netten älteren Ehepaar einfach als Familienhund.

Nun gehen wir gemeinsam ins Haus, wo es schon gut nach Kaffee roch. Paul hatte jede Menge zu besprechen mit Rosi und Joe. Dann fragte Paul Rosi, ob sie mit mir im Führgeschirr laufen möchte.

„Klar doch!" Also gingen wir los. Wir gingen erstmal eine kleine Straße entlang, ohne Gehweg und vollgeparkt mit

Autos. Dann ging es entlang der Hauptstraße auf dem Gehweg an einigen anderen Hunden vorbei bis zur Fußgängerampel. Ich zeigte Rosi die Ampel durch Anspringen an. Sie freute sich riesig, weil ich hier in mir fremder Umgebung die Ampel so gut gefunden habe. Wir überquerten die Straße und gingen wieder zielstrebig zurück nach Hause, wo Rosi wohnt. Rosi war total begeistert von mir. Ja und ich war auch ganz zufrieden mit Rosi. Das war fast so wie mit Biggi. Klar war ich Biggi mehr gewohnt, aber fürs Erste war das ganz gut. Also meinetwegen könnte Rosi mein neues Frauchen werden und Wyhl mein neues Zuhause. Ja und wenn das mit Joe und Timba noch passt, ist das doch perfekt. Was könnte Timba und mir denn Besseres passieren. Joe ging also auch noch eine Runde mit Timba im Führgeschirr und auch er war total begeistert. Das ist also nun mit größter Wahrscheinlichkeit unser neues Zuhause. Paul beschloss zusammen mit Rosi und Joe, wenn alles Bürokratische geregelt ist mit den Kostenträgern, können wir nach dem Winter mit der Einschulung beginnen.

Anfang März war es dann so weit. Timba und ich durften uns verabschieden von unserer liebgewonnenen Führhundeschule in Bad Honnef mit all unseren Freunden. Irgendwie war ich schon ein bisschen traurig, aber ich freue mich jetzt auch sehr auf mein neues Zuhause bei Rosi und Joe mit all ihren Tieren. Außerdem bin ich ja nicht alleine. Ich kann dieses Glück kaum fassen, dass ich zusammen bleiben darf mit meinem geliebten Timba. Das hat Paul wohl gut gemacht.

Kapitel 5: Einschulung

Nun sind Timba und ich also angekommen in unserem neuen Zuhause in Wyhl am Kaiserstuhl bei Rosi und Joe. In den nächsten vier Wochen werden wir nun zusammen mit Paul die wichtigsten Wege trainieren. Paul schläft in dieser Zeit in einem nahegelegenen Hotel, damit wir uns besser abnabeln können. Die ersten zwei Tage gehe ich mit Rosi und Pauls Begleitung nur an der Leine. Damit ich mich an mein neues Frauchen und die neue Umgebung gewöhne. Heute Morgen waren wir schon auf dem Feld beim Lösen. Ich muss auch bei Rosi erst einmal an der Leine lösen, bevor ich dann frei laufen darf. Wir übten das Abrufen im Freilauf und machten etwas Unterordnung. „Sitz, Platz und Bleib", genau das Gleiche wie bei meiner Patenfamilie und bei Paul. Das ist ja nichts Neues für mich. Hier am Kaiserstuhl ist es echt schön. Hier gibt es Wiesen und Felder soweit das Auge reicht und riesige Obstplantagen. Da können Timba und ich bei unseren gemeinsamen Spaziergängen toben.

Aber jetzt wird erst Mal gearbeitet!

Die nächsten Tage gingen wir dann schon im Führgeschirr. Erst ich mit Rosi und dann Timba mit Joe. Erst einmal gerade Wege, beispielsweise den Fußgängerweg nach Endingen. Wir mussten erst mit angenehmen Zug führen, auch miteinander. Einmal ging ich mit Rosi voraus und dann Timba mit Joe. Das war erst gar nicht so einfach, weil ja jeder von uns der Erste sein wollte. Aber mit etwas Übung ging das dann ganz gut. Paul war jedenfalls ganz zufrieden mit uns. Inzwischen durfte ich Rosi auch schon zum Einkaufen und zur Bushaltestelle führen. Das funktionierte auch sehr gut. Rosi lobt mich auch immer ganz fest mit „Good Girl!" so wie es Paul und Biggi auch gemacht haben. Das klingt toll und die Leute schauen dann auch auf mich, was ich doch für ein kluger Hund bin. In Wyhl ist es gar nicht so einfach zu führen. Die Gehwege sind teilweise so schmal, dass ich ein kurzes Stück mit Rosi auf die Straße ausweichen muss und dann wieder zurück auf den Gehweg. Dann kommt noch dazu, dass es in Wyhl sehr viele Hunde gibt, die sich zwar hinter den großen Hoftoren befinden, aber doch ganz schön bellen und am Tor hochspringen, wenn ich mit Rosi vorbeigehe. Da habe ich mich inzwischen aber auch daran gewöhnt. Die erste Woche war ganz schnell vorbei und mir gefällt es richtig gut in meinem neuen Zuhause. In der zweiten Woche Einschulung trainierten wir weitere Wege in Wyhl. Dazu gehörte die Apotheke, der Hausarzt von Rosi, die Sparkasse, der Bäcker, der Metzger und der Schlecker, den ich ja ganz besonders liebe. Auch waren wir schon mit dem Bus in Endingen und in Riegel am Bahnhof. Und überall waren die Leute total nett und freundlich und bewunderten mich, was ich doch für einen tollen Job habe.

Viele Leute wollen mich streicheln, besonders meine kleinen zweibeinigen Freunde, aber im Führgeschirr ist das strengstens verboten. Leider! Ich wäre sonst zu sehr von meiner Arbeit abgelenkt.

In der dritten Woche fuhren wir dann mehrere Male mit dem Zug nach Freiburg. Wir übten vor allem am Bahnhof, gingen die Fußgängerzone entlang bis zum Freiburger Münster und besuchten verschiedene Cafés. Nach dem Lösen im Park führte ich Rosi wieder zurück zum Bahnhof und wir fuhren mit dem Zug wieder zurück nach Riegel. In Riegel sind wir dann in den Bus umgestiegen nach Wyhl. Dann war ich aber froh, als wir wieder zu Hause waren. Timba begrüßte mich schon. Jetzt nur noch fressen und eine Runde schlafen.

Ja, ist schon anstrengend, so viele neue Wege kennenzulernen, aber auch schön. Jetzt kann ich endlich zeigen, was ich gelernt habe und dass ich nun ein richtiger Blindenführhund bin.

Die vierte und letzte Woche übten wir alle Wege noch einmal, bevor ich mit Rosi alleine los düsen darf. Paul und Rosi sind sehr zufrieden mit mir, obwohl ich doch immer wieder mal versuche, Rosi auszutricksen. Aber Rosi merkt es doch immer.

Diese Woche waren wir mit dem Auto am Rhein. Den kenne ich ja bereits. Da haben Timba und ich richtig getobt und wie es sich für einen richtigen Labrador gehört auch gebadet. Das war vielleicht schön.

Viel zu schnell verging unsere gemeinsame Einschulung und morgen wird Paul wieder zurück nach Bad Honnef fahren und ich darf von nun an die Rosi alleine auf ihren Wegen führen. Nun habe ich es geschafft!

Jetzt folgt nächste Woche nur noch die Gespannprüfung, aber da bin ich recht zuversichtlich. Das mach ich schon mit meiner Rosi. Klappt doch alles ganz gut. Mann, bin ich stolz auf mich.

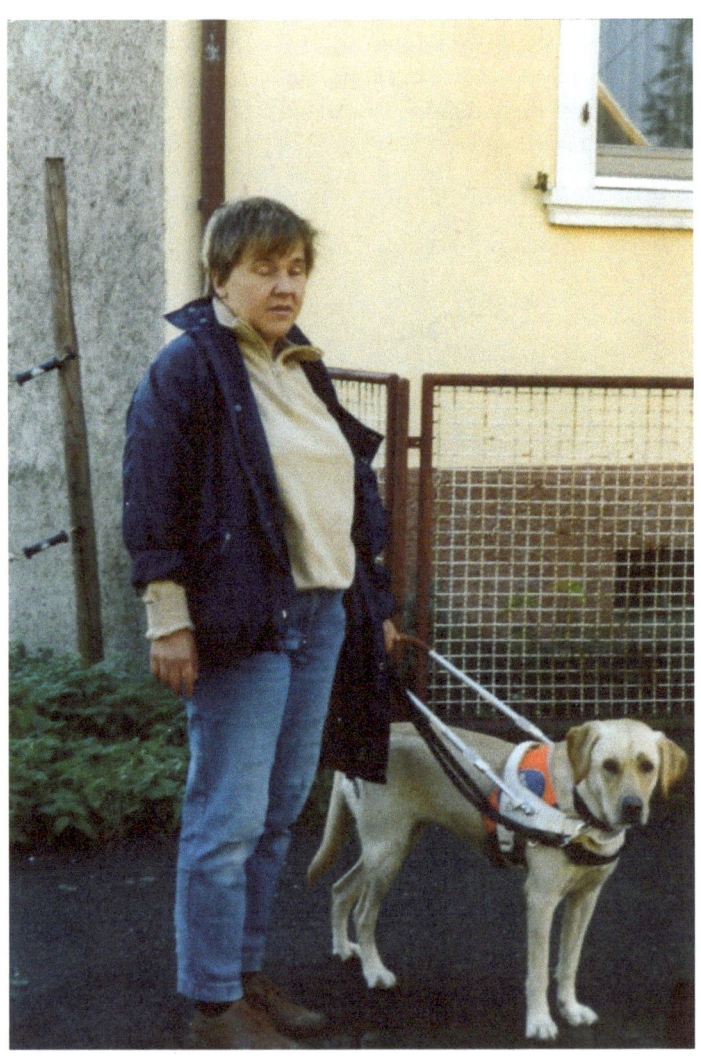

Bildbeschreibung: Rosi mit Tessy im Führgeschirr

Kapitel 6: Gespannprüfung

Heute ist ein spannender Tag. Heute ist unsere Gespann-prüfung. Rosi ist schon ganz aufgeregt.

Ein sogenanntes Gespann sind Hund und Halter, also ich und meine Rosi. Wir werden also beide geprüft. Ich als Blindenführhund wie ich führe und Rosi als Führhunde-halter, wie sie mir die entsprechenden Hörzeichen gibt, mich motiviert oder auch mal korrigiert, wenn ich wieder mal meinen Kopf durchsetzen möchte. Es wird also auch unsere Zusammenarbeit und insgesamt unsere Mobilität im Straßenverkehr auf den Prüfstand gestellt. Gespann-prüfer sind speziell ausgebildete Orientierungs- und Mo-bilitätstrainer für blinde Menschen oder Hundefachleute. Diese werden in Fortbildungsseminaren auf ihre Prüftä-tigkeit geschult.

Nun geht es aber los:

Gerade hat der Gespannprüfer angerufen, er wartet mit einem Vertreter des Blindenverbandes vor dem Hoftor. Jetzt kommt es darauf an! Rosi geht mit mir noch schnell Pipi machen in den Garten und dann geht es los. Die beiden Herren folgen uns in einigem Abstand möglichst unauffällig. Ich soll ja nicht von ihnen abgelenkt werden. Ich führe Rosi die Adlergasse vor. Ich weiche einigen parkenden Autos aus, die dort auf der Straße stehen. Ich muss dort auf der Straße laufen, es gibt keinen Gehweg in dieser Straße. Das klappt hervorragend. Von den freilaufenden Katzen lasse ich mich nicht beeindrucken, auch nicht von den Hunden hinter den Hoftoren. Die beiden Herren hinter uns staunen und bewundern unsere Souveränität. Am Ende der Straße angekommen zeige ich Rosi vorschriftsgemäß den Bordstein an und wir biegen rechts ab Richtung Edeka. Um die Ecke bei der Hauptstraße bekomme ich von Rosi das Hörzeichen, die Bushaltestelle anzuzeigen. Zielstrebig steuere ich die Bank im Bushäuschen an. Rosi setzt sich und der Prüfer mit Begleitung auch. Nun erst begrüßen sich Rosi und die beiden Herren und besprechen die weitere Vorgehensweise. Wir werden nun hier in Wyhl einige von unseren alltäglichen Wegen gehen und dann mit dem Bus nach Riegel zum Bahnhof fahren. Also gut, dann geht's weiter!

Wir überqueren die kleine Nebenstraße, wo ich Rosi selbstverständlich den abgeflachten Bordstein anzeige und dann geht es rein zum Edeka. Hier ist heute aber was los. Im Eingangsbereich beim Bäckerstand tummeln sich die Leute. Ich führe Rosi vorsichtig durch die Menschenansammlung hindurch, zielstrebig den Gang entlang zur Wursttheke. Nachdem ich diese meinem Frauchen angezeigt habe, gehen wir auch schon weiter. Schade, heute kaufen wir nichts ein, aber das nächste Mal wieder. Wir gehen noch einige Gänge kreuz und quer entlang der Regale. Ich lasse mich nicht verführen von den leckeren Sachen in den Regalen, die manchmal schon unverschämt gut riechen. Nun gibt mir Rosi das Hörzeichen: „Tessy, zur Kasse!" Zielstrebig führe ich Rosi zur Kasse. „"Good girl! Tessy, das hast Du gut gemacht!" Das klingt gut in meinen Schlappohren. Rosi erklärt der Kassiererin kurz, dass sie heute Prüfung mit mir hat und deswegen nichts eingekauft hat. Sie wünscht uns noch alles Gute und schon gehen wir weiter.

Frauchen bespricht sich noch einmal kurz mit dem Prüfer und dann geht es schon weiter. Ich zeige den beiden Herren noch den Weg zur Sparkasse und zum Arzt. Jetzt ist es schon Richtung Mittag und wir gehen zur Schule. Dort sind natürlich jede Menge Kinder, die gerade nach Hause gehen oder auf den Bus warten. Rosi legt mich inmitten der ganzen Kinderschar ab. Sie sagt: „Tessy, Platz und Bleib!" und geht einige Meter weg. Zugegeben, das ist nicht ganz leicht. Viel lieber würde ich da jetzt rumtoben mit meinen kleinen Freunden, aber wenn Rosi sagt: „Platz und Bleib" mach ich das doch.

Die Prüfer staunen nicht schlecht, wie toll ich das mache. Nun noch die Fußgängerampel bei der Schule anzeigen und dann geht es im Bus nach Riegel zum Bahnhof.

Im Bus befinden sich jede Menge Schulkinder, aber dennoch finde ich einen freien Sitzplatz für Rosi und zeige ihr diesen an. Ich muss unter den Sitz, damit mir niemand auf die Pfoten tritt.

In Riegel angekommen, zeige ich die Ausgangstür an und hopp sind wir schon beim Bahnhofsgelände. Auf das Hörzeichen: „Tessy, zur Bahn!" führe ich mein Frauchen zum Wartehäuschen und zeige ihr einen Sitzplatz an. Die Prüfer wollen, dass wir durch die Unterführung gehen und auf der anderen Seite direkt Richtung Bahnsteig. Ich zeige also nun Rosi die Treppe abwärts an, wir gehen die Unterführung durch und auf der anderen Seite die Treppen hoch zum anderen Bahnsteig.

Frauchen schickt mich nun direkt Richtung Bahnsteig. Ich drehe aber sofort ab, es steht ja kein Zug da. Ich bin ja nicht verrückt und stürze mich mit meinem Frauchen in die Tiefe. Rosi bedrängt mich noch einmal mit dem Führbügel in Richtung Bahnsteig, aber ich wehre mich vehement. Die Prüfer sind begeistert. Das wollten sie sehen. Ein Blindenführhund darf auf keinen Fall einen Abgrund runterführen, auch wenn er das Hörzeichen in diese Richtung bekommt oder gar dazu gedrängt wird in diese Richtung zu gehen.

Frauchen freut sich ganz arg und knuddelt mich. Ihr war schon etwas mulmig bei der Sache, ist ja nicht ungefährlich. Aber sie weiß doch, dass sie sich auf mich verlassen kann. Nun gehen wir den Bahnsteig entlang wieder zurück Richtung Bus. Wir waren gerade durch die Unterführung durch, Mann oh Mann da knallt es, ein Schuss, Frauchen ist glaube ich einen Meter hoch gesprungen, so ist sie erschrocken. Ich dagegen bin ganz cool geblieben. Mich hat das nicht groß beeindruckt.

Das war der Prüfer mit der Schreckschusspistole. Er wollte wissen, ob ich „schussgleichgültig" bin. Aber mich wirft nichts aus der Bahn, nicht einmal so ein Schuss. Als sich Frauchen von dem Schreck erholt hat knuddelt sie mich noch einmal ganz fest. Die Prüfer sind begeistert von meiner Gelassenheit. Obwohl Frauchen so erschrocken ist, hab ich nicht einmal mit der Wimper gezuckt.

Nun haben wir es geschafft. Das war der letzte Punkt, den die beiden Herren noch sehen wollten.

Wir fahren mit dem Bus zurück nach Wyhl. Zuhause begrüßen uns Joe mit Timba. Nun aber raus aus dem Geschirr und eine Runde im Garten toben. Rosi und die Prüfer füllen bei einer Tasse Kaffee noch den Prüfungsbogen aus. Die Prüfer gratulieren Rosi zu einem so souveränen Blindenführhund und zu einer ausgezeichneten Mobilität und verabschieden sich dann. Timba und ich liegen inzwischen auf unseren Plätzen und vergnügen sich mit einem Rinderohr.

Rosi telefoniert natürlich gleich mit Biggi und Paul und den Bubenheims und teilt ihnen die freudige Nachricht mit. Wir freuen uns alle über den hervorragenden Ausgang der Prüfung.

Nun bin ich also ein richtiger geprüfter Blindenführhund. Jetzt darf ich also ganz offiziell mein blindes Frauchen, die Rosi, auf ihren Wegen führen und ihr ein stückweit die Augen ersetzen. Ich freue mich riesig, dass ich solch einen tollen Job habe und dass ich hier bei Rosi und Joe zusammen mit Timba so ein schönes Zuhause gefunden habe.

Nachwort von Rosi

Tessy führte mich stets souverän und sicher bis zu ihrem 10. Lebensjahr. Dann wurde sie von Filou, einem blonden Labradoodle, als Blindenführhund abgelöst. Sie verbrachte auch ihren Ruhestand bei uns und trat am 26. Oktober 2015 in meinen Armen den Weg über die Regenbogenbrücke an, wo bereits viele ihrer Freunde auf sie warteten.

Bildbeschreibung: Joe mit Timba und Rosi mit Tessy – jeweils im Führgeschirr

Zeitfracht Medien GmbH
Ferdinand-Jühlke-Straße 7
99095 Erfurt, Deutschland
produktsicherheit@kolibri360.de